Edu Talk
NAKAMURADOH

# 東大生を育てた家庭の力

陰山英男×子育てをふり返るママの会

Power of Family

中村堂

東大生を育てた　家庭の力　もくじ

# 対談者紹介

## 陰山　英男

かげやま　ひでお

一九五八年兵庫県生まれ。兵庫県朝来町（現朝来市）立山口小学校在職当時、百ます計算やインターネットの活用等により学力向上の成果を上げる。二〇〇〇年十月にNHKテレビ「クローズアップ現代『学校は勉強するところだ　～ある公立小学校の試み～』」で取り上げられ、大きな反響を呼ぶ。公募により二〇〇三年四月から土堂小学校の校長に就任。以降、「基礎・基本の徹底」と「早寝・早起き・朝ご飯」に代表される生活習慣の改善による学力向上運動に取り組む。現在、立命館大学教育開発推進機構教授（立命館小学校校長顧問）。文部科学省中央教育審議会教育課程部会委員。大阪府教育委員会委員長。NPO法人日本教育再興連盟代表理事。徹底反復研究会代表。

著書は、『本当の学力をつける本』（文藝春秋）、『学力の新しいルール』（文藝春秋）、『若き教師のための授業学』（日本標準）『陰山メソッド徹底反復シリーズ』（小学館）など多数。

## 田宗《たむね》 文子《ふみこ》

三重県生まれ。一男一女の母親。お茶の水女子大学理学部卒業。二社での勤務後、現在は、塾講師を務める。

長男は、一九八七年生まれ。公立小学校卒業後、私立開成学園中学・高校卒業。東京大学理科一類入学後、医学部医学科進学。二〇一二年から研修医。現在、東京大学医学部附属病院に勤務。

## 高石《たかいし》 由美子《ゆみこ》

長野県生まれ。三男の母親。日本女子大学児童学科卒業。

長男は、弁護士、弁理士、カリフォルニア州弁護士。

次男は、弁理士。

三男は、一九八七年生まれ。公立小学校卒業後、私立開成学園中学・高校卒業。東京大学工学部卒業後、東京大学法科大学院未修者コース進学。二〇一三年から司法修習生。

## 金沢《かなざわ》 千賀子《ちかこ》

大阪府生まれ。一男一女の母親。園田学園女子大学文学部卒業。

長男は、一九八七年生まれ。公立小学校卒業後、私立開成学園中学・高校卒業。東京大学文科二類入学後、工学部に進学。同大学院卒業後、銀行に勤務。

# 序　章　自己紹介

**田宗**　私は今日、陰山先生にお会いするのを楽しみに、この会場にうかがわせていただきました。

家族構成は、夫と、子どもが二人おります。長男は、今二六歳です。公立小学校から、私立開成中学校・高校に行きまして、東大の理科一類に入りました。教養課程を終えて、進振り（注1）のときに医学部に転部いたしました。

**陰山**　へえ、すごいですね。

**田宗**　医学部卒業後は、二年間の初期研修を終えまして、今年から、東大病院で後期研修に入りました。ちなみに専門は精神神経科です。

長女は、今二三歳です。公立小学校から、フェリス中学校・高校に行きまして、慶応大学の商学部に入り、三年在学中に公認会計士の試験に合格しました。

**陰山**　すごいですね。

**田宗**　合格直後に就職先の内定をいただきましたので、四年生のときには、カナダへ短期留学しました。今は、内定をいただいた監査法人で働いております。すでに結婚しております。今年の末には子どもが生まれるということで、たいへん楽しみにしております。以上のような、家族構成でございます。

**高石**　私は、田宗さんのご長男と、うちの三男が開成学園で同級生という関係で、今日こちらに呼んでいただきました。家族構成は、夫と、息子が三人おります。

三男は、公立小学校から開成中学校・高校に行きまして、東大の理科一類に入りました。教養課程を終え、工学部へ進み、卒業後は、東大法科大学院未修者コース（注2）に進学しました。

昨年の司法試験に合格しまして、現在は、横浜で司法修習生をしております。弁護士事務所から内定をいただいておりますけれども、ほかに、裁判官のオファーもいただいておりまして、どちらに進むか迷っている状況でございます。

**陰山**　すばらしいですね。

**高石**　三男の進路は特殊ですが、長男が、理系から弁護士になりましたので、その影響があるのではないかと思います。

**陰山**　ご主人も、理系から法曹界のお仕事に就かれたのですか。

**高石**　夫は、東京工業大学、同大学院を卒業しまして、弁理士をしております。

**陰山**　そうすると、お父さんと同じような道を歩まれていらっしゃるということですか。

**高石**　弁理士の仕事のうち、特許事務、商標登録などは文系ですけれども、大半が理系の仕事です。といいますのは、申請された発明の内容につきまして、深く理解することができなければ特許の明細を書くことができないからです。

今は次男が父親のあとを継いで、弁理士の仕事をしております。

長男が進路を決めるときに、「これからの時代は、二つのスペシャルが必要」との父親のアドバイスを受けて、東京工業大学在学中、並行して司法試験の勉強もして、最短で旧司法試験に合格しました。理系を生かして、弁護士活動をしています。

**金沢**　今日、こちらに集まられた方々のご子息は、開成学園の同級生です。私の家族構成は、会社員の主人と長男、長女の四人家族です。

長男は、公立小学校から開成中学校・高校を卒業し、東大の経済に入りまして、進振りで工学部へ進級しました。その後、大学院に進み、現在は銀行に就職しております。

**陰山**　ということは、皆さんのご子息は東大入学後、進振りや未修で進路を決めていらっしゃるということですね。

**金沢**　文系から理系に転部することができるようになりましたのが、二〇〇八年からということもあるのではないかと思います。開成学園出身の学生は、新し物好きの学生が多いといいますか。

**陰山**　大学入学後に進路を変更されたご子息のお母さんたちばかりが集まっているという

ことで、少し驚いています。

**高石** 偶然ですね。

**陰山** それにしても、奇遇ですね。

**田宗** 私は、偶然というよりはそういう仲間が自然と集まったということではないかと思います。

**陰山** 皆さん方には、我が家の情報につきまして、さまざま伝わっているのではないかと思いますが、改めて紹介します。

私は、子どもが三人います。いちばん上は女の子で、今は、私の活動関係の仕事をしています。

真ん中も女の子で、本にも書いていますが（注3）、一年浪人して、東大に入りました。いなかの公立小学校から公立中学校に入学し、三年生の夏休みまでいましたが、三年生の二学期から、当時私の勤めていた広島県尾道市立土堂小学校の近くにある中学校に転校しました。

その後、その年の年末か翌年の初めに、いちばん時期の早い高校の推薦入試に合格しました。一回目で合格してくれましたので、よかったと思いました。

その学校は、県立広島高校という中高一貫校で、次女は高校の一期生です。東大を受験するときには、社会科で倫理社会を受験科目として選択しましたが、倫理社会の授業は受けていませんでした。倫理社会は学習しなくてはいけない範囲が狭いですから、自分で本を選び、勉強をしていました。一年間浪人して、教育学部に入りました。

三年生のときに、語学留学はしておいたほうがよいのではないかということで、ロンドン大学の語学コースに一年間行きました。彼女は、TOEICで九百点以上取ってくると豪語して行きましたが、九五〇点を取って帰国したときには、それは本当に驚きました。

帰国後、四年生に進級してから就職活動を始めたのですが、就職活動ではとんでもなく苦しめられました。民間企業志望だったのですが、大学受験より就職試験の方が難しかったと思います。また、先ほど、お子さまが結婚されたという話をうかがいましたが、就職よりも結婚の方が、さらに難しいなと思っています。特に東大出身の女の子は大変ではないかと思います。結婚について考えるとすれば、私立大学の方がよいのではないかとも思いました。

娘が東大に入ってよかったと思ったことの一つに、卒業式で総代を務めることができたということがあります。これには、私も少し驚きました。

三番目の長男は、わりと私に感性が近いところがありましたので、私が興味のある、例えばいろいろなものづくりとか、一緒に旅行をするなどして、連れてまわった思い出があります。

息子が、大学一年生の終わりにオートバイの免許をとってからは、オートバイに夢中になりました。大学を卒業するまでの三年弱の間で、オートバイの走行距離が八万キロになりました。一日に百キロ走っていたことになります。

オートバイに夢中になっていたことを示すエピソードとしてこんなことがありました。ある朝、長男が「行ってきます」と家を出て行きました。お昼頃に用事があり、私が電話をかけましたら、「今、秋田」という返事です。何も言わずに行ってしまうんです。

また、八万キロも走っているとオートバイは当然のことながら故障だらけになります。それを、自分でバラバラに解体して、組み立て直すことができるほどの技術を身につけていました。三年生のとき、北海道旅行中に、オートバイの調子が少し悪くなり、通りがかりのディーラーの工場で、工具を借りて自分で直したことがありました。その様子を見ていたディーラーの方に「君は、ここに就職しなさい」とこんこんと口説かれ、一晩泊めていただいたというようなことがありました。

とにかく、手先が器用なので、我が家でいちばん信頼されているのは、長男です。我が家でいちばん信頼されていないのは、いつ何をやり出すのか分からない父親の私ということで、多くの人が想像されるのとはちょっと違うかもしれませんね。

東大に行った次女のことは、これまでに本に書いていますが、学力問題についての仕事をしている関係上、「自分の子どもから一人ぐらい東大に入学すれば、説得力があるかな」程度の本当に軽い気持ちで受験させました。おそらく皆さんもそうだと思うのですが。

東大にこだわりがあったわけでも、現在もあるわけではなく、「行けるなら行ったら」というような感じで受験させているので、次女が東大に行ったことは、私の仕事上意味はありますが、家庭内では意味はありません。親としての気持ちの中に大学による意識の違いとか進路による意識の違いは、一切ありません。そういう点では和やかに過ごしていると思っています。

注1　進振り

進学振分け制度のこと。東京大学では、二年夏学期までの成績を元に、三年からの進学先を決めることができる。

注2　法科大学院未修者コース

法科大学院には、法学未修者コース（三年コース）と法学既修者コース（二年コース）の二つのコースがある。前者は、入学前に法律学習の有無は問われない。

注3　本にも書いていますが

「娘が東大に合格した本当の理由」陰山英男著　小学館一〇一新書　二〇〇八年

# 第一章　没頭力、集中力

## ■没頭力、集中力

**陰山**　今日お集まりの皆さんは、親として、「子どもが行く大学は、ここでなければいけない」、例えば「東大でなければいけない」という思い込みのなかった方々ばかりのような気がします。子どもに対して、子どもが自分の思うとおりにすればよい、と思っていらっしゃるということでしょうか。

おそらく、みなさんは、基本的にリラックスした家庭をつくられていたのではありませんか。東大に行かせるというと、一般的には、目がつりあがって、勉強、勉強と子どもをムチで追い立てているというイメージをもたれている方が多いのではないでしょうか。

私は、最近、日本の教育に関する価値観が根本の部分でかなり間違っていると感じています。つまり、苦しいところで歯を食いしばってこそ成長するという思い込みです。これまでのお話を聞いていると、皆さんの家庭は、その常識とは違うところにあったのではないかと思ったのです。

**田宗**　陰山先生がおっしゃられましたように、なるべく楽しく過ごしたいということが基本にありました。ただ、主人は、子育ての時期にとても忙しくしていましたので、はっきり言って家庭内では単身赴任状態というか、母子家庭状態でした。そのことが、今、思い出してもとても残念なことです。

私も主人も地方の出身ですので、近くに親戚がおりませんでした。家の中にいると、母子だけになってしまうので、なるべくいろいろなところに出かけるようにしていました。たとえば、小さなときであれば公園に出かけるとか、いちばん多く利用したのは、公民館とか図書館でした。なるべくお金もかけたくないというようなことも考えましたので、そういうところに行きました。お友達とたくさん遊ぶ機会をつくっていました。外遊び、自然とのふれ合いも重要だと思います。

お店で買い物をするということも、買うことが目的ではなくて、買い物をすること自体を子どもと一緒に楽しむということを大切にして、いろいろなものを見せるということを心がけていました。

また、地域の人とのかかわりをもちたいということも意識していまして、先ほども申しました公民館へ出かけたときなどは、そこに来ていらっしゃるおじいちゃん、おばあちゃんに子どもを可愛がっていただきました。とてもよい経験だったなと思っています。

小さいときから「挨拶だけは基本だよ」と話しかけていたので、小さな頃から「こんにちは」だけはしっかりと言える子でした。

長男は一歳半健診のときに、ほとんどしゃべることができませんでした。そのことを保健師さんから指摘され、「相談室へ行ってください」と言われたときは、少なからずショックを受けました。耳が聞こえていることは分かりますし、意思表示もできるのですが、あまり言葉が出なかったのです。「言葉が遅すぎますね、少し変なんじゃないですか」と健診の際に言われたことは忘れられません。その後、二歳を過ぎたときに、急に言葉が出るようになりました。それ以降、人に会ったら常に「こんにちは」と挨拶をするので、よく周りの人たちからほめられていた記憶があります。

幼稚園についてお話しさせていただきます。どこの幼稚園に通わせるのがよいかをいろいろ考えた結果、近所に「モンテッソーリ教育」（注1）を方針としている幼稚園がありましたものですから、ここがよいのではないかと思い、その幼稚園に入れました。そこの教育が直接的にどういう影響を及ぼしたかは分からないのですが、今考えると結果的にはよかったのではないかなという気がしています。

さきほど陰山先生がおっしゃられたように、一つのことを一生懸命やるとか、集中してやるということを、とても重んじている幼稚園でした。一つのことをずうっとやる。例えば、ごまをするという教材があったのですが、ずうっと毎日毎日繰り返し、常にごますりをしていて、毎日ごまを家に持って帰ってきたことがありました。

長女も同じ幼稚園に通いました。お昼になって「みんなでお食事ですよ」と先生がおっしゃったときに、「行けません。今、泥団子をつくっていて忙しいから行けません」と答えて、ずっと作り続けていたそうです。そんなときにそこの先生は、「じゃあ、つくり終わったら来てね」と言ってくれたそうで、そんなことを認めてくれるような幼稚園だったのがすごくよかったなと、今になって思っています。

後から伸びる子になったというか、集中する、集中させるということを、小さい頃から家でも考えていた中で、そんな幼稚園に入れて、ますます伸ばしてもらえたのがよかったなと感じています。

**高石**　我が家は、ちょっと特殊なところがあります。それは、三人の兄弟の年齢が離れているということです。長男と次男は四歳離れています。そこから十歳離れて三男です。したがって、いちばん上といちばん下が十四歳違うのです。

ですから、そのときどきで、育て方とか家庭の環境が、とても違っていました。そんな意味で、皆さまと比べてちょっと特殊かなと思います。

長男の場合は、親の私たちがとても若かったので、とにかくたくさん遊ばせました。勉強しちゃいけない状態くらいの勢いで遊ばせていましたので、それに対する後悔が少々あります。ただ結果的には、三人の兄弟とも、同じような職業に就いて、同じような人生を歩んでいます。長男のときは、私立中学の受験は考えていませんでしたし、本当に遊ぶことが中心でした。

それを少し反省しまして、次男は、規則的な勉強、最低限の勉強の習慣をつけた方がよいのではないかと考え、小学校五年生か六年生のときから塾に通わせて、私立の武蔵中学・高校に進学しました。

長男が幼少の頃を思い出すと、昔ながらの家でしたので、ふすまの桟《さん》を、電車のレールに見立てて「ゴゴン、ゴゴン、ゴゴン」と、何時間でも遊んでいました。田宗さんのお話とおなじですね。

次男は、ジグソーパズルに夢中になって、三、四歳くらいから、五〇ピースくらいのパズルを絵が見えないように裏にして、形だけで完成できるほど夢中になっていました。

さきほど、「一歳半で言葉が…」というお話がありましたが、次男は三歳でも単語くらいしか話すことができませんでした。保健所に行ったらおそらく指導を受けることは予想できましたし、私の場合は、指導を受けるように言われたとしても「コミュニケーションがしっかりとれているので、大丈夫です」と、親の方が問題にしていなかったというのが実際のところです。

三男に関しては、また、世の中が変わってしまっていて、私立中学校が全盛になりましたので、私立中学受験の方向に進めようと思いましたけれども、受験一色にはしたくありませんでしたので、おけいこも、楽器も学校の委員会活動も全部やって、学校生活を大事にして、受験に合格できる最低限の勉強をすればいいかなと思っていました。

三人とも、受験一色という形にはしませんでした。合格という結果が出たということは、集中力と没頭する力は、とても優れていたように思います。

**陰山**　やはり、そこですよね、没頭ですよね。

**高石**　集中力は、やはりすごいかなというところはありますね。

**金沢**　うちの場合は、長男は、とても好奇心が旺盛な子どもで、電車が大好きで、いつもプラレールで遊んでばかりいる子どもでした。スーパーマーケットから、段ボールをよくもらってきて、電車をつくり、兄妹でそれを引っ張り合って遊んでいました。

娘がお腹にいるときに、長男に、家のすぐそばのよろずやさんのようなところに買い物に行かせていたことがありました。私が、大きな字で書いて三点くらいのものを買いに行かせるということを何回か続けているうちに、そのよろずやさんにない品物があると、自分の自転車で近所のスーパーまで買い物に行ってしまっていたことがありました。突然いなくなってしまって、とてもびっくりしたのですが。

そういうことはよくありまして、一緒に買い物をしているときに、迷子の店内放送で私が呼び出されるということもありました。自分が息子に呼び出されるとは、何かとてもおかしな感じがしました。

## ■幼稚園時代に基礎をつくる

**陰山**　最近、慶応大学の先生が、「学歴と年収は、ほとんど関係ない」ということを書かれておられます。一般的には、常識を覆す衝撃的なこととして受け止められているようですが、私自身は、この研究結果は「意外とそうかもしれないな」と思っています。

では、基本となる部分はどこで決まるのかというと、実は幼稚園です。幼稚園時代の過ごし方の影響は大きいと思います。幼稚園のときに、遊びでよいので何かに没頭するのがいちばん重要ではないかと思っているのです。

要するに、没頭するという回路構成を、乳幼児の頃につくることができれば大成功ですよ。先ほど、三歳のときに言葉が出なかったとおっしゃっていましたが、あの時期というのは、体がきちんとできてくれればもうそれでよいわけです。そこから脳がきちんと成長しだすのは三歳くらいのときです。そのときにコンピュータでいえば、ＯＳのもう一つ下の基礎的なソフトウェアが動いていますが、そこの部分がしっかりとできていればそれでＯＫです。

私の長女が小学校に入学したときに、家に友達を集めて百ます計算をさせたことがありました。その場に次女も入りまして、長女たちは勉強として、次女は遊びとして百ます計算をしていました。そうしたら、百ます計算が好きになったようで、あっという間に長女や友達のタイムを越してしまいました。幼稚園の段階で、まだ勉強を教えてもらっていないのに、百ます計算を二分台で解き終えてしまったのです。

そのときに、私は次女の将来への可能性を感じたものです。というのも、私が教えた全ての教え子より、次女のタイムがいちばん速かったからです。私の受け持った児童のうちのトップの子どもたちは、神戸大学の医学部とか、金沢大学の医学部とかに入っていましたから、それより上のレベルの大学に行ける可能性があるのではないかと思ったのです。

結局、集中するということを習得するためには、幼稚園時代の没頭経験が必要です。

皆さんがご存じかどうかわかりませんが、以前、兄弟五人を全員高校には入れずに、東大と京大に入れたという塾の先生がいらっしゃいました。テレビドラマにもなりましたが、実在の人物です（注2）。とにかく画一的に詰め込むだけの高校に通わせるのはいやだと言って、大検を受検させて、兄弟全員を東大・京大に行かせたわけです。

その人の本を読んでいるといちばん特徴的なことは、幼稚園時代は、傍から見ると「それ、わがままだな」というようなくらい好きなことをとことん飽きるまでやらせるということです。そこに、いちばんの特徴があります。あとは、塾の先生ですから、勉強のさせ方というのは、ある意味、セオリーどおりではあります。

際立っているのは、やはり幼稚園時代の過ごし方です。絶対に親の生活の時間パターンにはめることはありません。先ほどおっしゃっていたモンテッソーリ教育に似ていると思います。食事の時間がきたとしても泥遊びを優先させるとか。結構、それが肝心なのではないかなと私は思っています。

余談ですが、私は、現役の小学校の教員時代に小学校一年生と二年生の担任経験がありません。三年生以上ばかりでした。私の教師経験の中では、一、二年生の児童との触れ合いがないのですが、私の主宰している研究会に来ている先生方に、もし私が一、二年生の担任だったらこんな授業をするだろうなということを実践していただいています。だいたい予想どおりの結果が出ています。

一年生で劇的に伸びます。強烈に伸びます。

強烈に伸びた例が今迄出てこなかったのは、一年生は無理させるものではないのだからとか、一年生はゆっくり丁寧がいいんだからということで、入学してきたばかりの子どものテンポに合わせてしまっているからだと思います。

ところが、そうではなくて、百ます計算で、強烈に集中する時間を五分、十分と経験すると伸びてきます。

ほかにも、幼稚園時代の没頭経験はなかったですか。

**金沢**　子どもが幼稚園で仲良くなった家族三組くらいでスキーに行ったことがありました。まず、子ども全員をスキー場の上まで連れて行き、順次滑らせました。すると、全然滑れなかった子がどんどん上手になっていきました。滑れないと言うと上に置いて行かれてしまうので、必死になって滑っていきます。その結果、三日間で全員がほぼ滑れるようになりました。必死になると何でもできるんだなと思いました。

**陰山**　そうですよね。日常から、何かをやらせていて子どもが没頭していたら、とりあえず放ったらかしにしておくということはありませんでしたか。

**金沢**　うちは、地図と時刻表ですね。電車が大好きでしたから。また、地図はなにかにつけて見ていました。私が車を運転しているときに、カーナビのない時代でしたから、子どもに、「今ここにいるから、右に行けばいいとか、左に行けばいいとか、教えてちょうだい」

と言うと、正確に教えてくれました。子どもはすごいなと思ったことがあります。

**陰山**　なぜ、そういうことをしているのだろうと思いながらも、放ったらかしということはどうですか。

**金沢**　段ボールでいろいろなものを勝手につくっていました。

**陰山**　それぞれそれ。何でもないように見えることを好き放題にさせて、それをお母さんが楽しい気持ちで見ている。お母さん自身が楽しいから、子どもが好きなことをしている様子を見ている。それが実は子どもを劇的に伸ばすと思うのです。

**金沢**　何だか分からないものをたくさんつくっていました。

**陰山**　それなんですよ。実はその反対の発想が東大へのいちばんの近道になると思います。ところが、多くの人は時間を決めて、「はい、この時間はここの塾へ行って。はい、次の塾が待ってるんだから」と言って、子どもの没頭を逆にできなくしてしまっているんですね。

**高石**　私は、子どもが夢中になっていることに対して、完全なサポーターになっていました。私にとって、サポーターが子育てで、とても楽しい思い出です。

大事なことは、目の前の成績ではなく、自分のやりたいことを見つけて、目標に向かって意欲とやる気を持ち続けるようになることだと思います。

初めに、小学校の行事に取り組み、賞をいただき、うれしい成功体験を積み重ねてやる気を育てました。

いつも嬉しい気持ち、楽しい気持ちで過ごし、自分に自信を持ち、自分を好きになってほしいと思いました。

**陰山**　そうそう、そこなんです。ここのところが、多くの方は完全に逆にとらえていますよね。あれもやらせなければ、これもやらせなければと、つい増やしてしまうんですよね。

刻み刻みです。刻んで集中させるのであれば問題はありませんけれど、連続するとなると別です。ピアノでよかったことが、次のスイミングで生きるとは限りません。

だから、子どもたちは、一段落して「ああ、よかった」と家に帰ることができるならば、がんばってよかったとなります。

しかし、次々とおけいこごとが続いてしまうとなると、子どもは、次のところへのエネルギーを残しておかなければいけないと自己防衛しますから、つまりは没頭できないように、没頭できないように、全力を出さないように、出さないようにと仕向けている傾向が強いように思います。

教育熱心といわれる家の子どもが息切れしてしまう傾向があるのは、そんなことが原因だと思います。

注1　モンテッソーリ教育
二〇世紀の初めに、イタリアの医師であるマリア・モンテッソーリによって考案された教育法。知的障がいや貧困家庭の子どもたちへの教育から発展してきた。

注2　兄弟五人を全員高校には入れずに、東大と京大に入れたという塾の先生
「奇跡の対話教育」磯村懋著　光文社カッパ・ノベルス　一九八三年

# 第二章　読書と習いごと

## ■本好きの子ども

**陰山**　みなさんのお子さんは、読書がお好きでしょう？

**金沢**　図書館へよく行っておりました。少しいなかの方に住んでおりますので、移動図書館がありまして、そこで絵本などを借りて、夜は一人三冊までは読んであげるからと約束して、一緒に読書の時間を過ごしました。そのあと眠れなかったら、自分で字を覚えようなどと言っていました。本は、よく読んでいたような気がします。

**高石**　好きですね。ご飯を食べながら本を読んでいるという感じでしょうか。

**陰山**　私は読書が好きではない東大生に、これまで会ったことがないですね。

**金沢**　大学では本を読まされるみたいですね。大学で新書をよく買っていました。今は、本は借りるより買うようになっていますので、部屋には本がたくさんあります。

**陰山**　一つポイントなのは、読書とのかかわりです。大きくなってから読書が好きになったという人もいますが、それだと東大には届かないような感じがします。遅くとも小学校の五、六年生には本の虫のようになっているということが、合格の条件の一つのように思えるのです。

## ■習いごと

**陰山**　ところで、習いごとについてはどうですか。

**田宗**　うちの長男は、幼稚園くらいのときに、地域で主催している体操クラブに入り、一、二年間ほど続けていました。

小学校に入学したときには、地域の少年サッカークラブに入りました。保護者が分担してお世話を全部するような形のクラブです。そこからは、もうずっとサッカーですね。中・

高もサッカー部でしたし、大学はサークルですけど、サッカーとかフットサルとかをやっていました。今でもときどきサッカーやフットサルをしているようです。

あと、小学校一年生から四年生までの間、公文式教室に通っていました。

**陰山**　皆さん、公文式教室には通われましたか？

**高石**　うちの場合は、三人の子どもの中で違う考えでした。上の二人のときは、公文式教室もヤマハ音楽教室も特に必要はないと考えまして、通わせませんでした。

三男のときは全然違うんですけれども、公文式教室もヤマハ音楽教室も行かせたほうがよいかなと思いまして行かせました。公文式教室もヤマハ音楽教室も、本人の取り組み方次第で、どんどん進ませてくれます。三男は、短時間でできたので、両方とも六年生までの過程をだいたい低学年のときには終えてしまいました。

**陰山**　ピアノは習わせていましたか？

**高石**　私自身が、運動ばかりしていたので、子どもには音楽の楽しさを身につけさせたいという思いを強くもっていました。ですから、親の気持ちというのは教育にすごく影響すると思います。また、夫がクラッシックのファンで、クラッシックしか音楽じゃないというほどでしたので、ピアノは三人とも習っていました。三男は、チェロも東京フィルハーモニー交響楽団の首席チェリストに習っていまして、開成管弦楽団でも東京大学音楽部管弦楽団でもチェロ一色の生活を満喫することができました。

**田宗**　うちでは、ピアノは習わせておりません。長女は小さいときに体操教室に入ったあと、小学生のときにクラシックバレエを習い始めて、遊びみたいに週一、二回レッスンに通っていましたが、中学校に入って本格的に練習を始めました。

**陰山**　本格的にですか？

**田宗**　中学・高校時代は、一週間のうちの六日間、ほとんど毎日、プロを目指すかのように練習をしていました。ロシア留学に行きたいということを考えたくらいのバレエ漬けでしたね。

**陰山**　金沢さんのところは？

**金沢**　音楽はまったくしていませんでした。楽典はとても困りました。だれも教えることができませんでしたから。

**陰山**　なるほど。東大生の習いごとを調べると、定番は公文式教室とピアノみたいですね。ピアノは多いです。私は、ＲＯＪＥ（注１）という組織で学生のボランティア活動の支援をしていますが、その中で出会った東大生の多くはピアノを弾くんですよね。

**高石**　子どもが通ったのは公立小学校でしたが、ピアノを習っていない子は、ほぼいなかったと思います。自宅は、埼玉県和光市にシーアイハイツという一六一六戸の集合住宅でした。公立小学校が隣接していて、敷地内に公立図書館もありました。ほぼ全員がシーアイハイツに在住している公立小学校でしたので、私立小学校に行くよりも環境がよかったかもしれません。

**陰山**　なるほどね。

**田宗**　開成中学は、授業で必ず楽器を習わせます。ピアノもさせるし、ギターもさせます。うちの子どもは、習わせたことがなかったので、電子ピアノを買って練習させたり、中古のギターを買ってきたりしました。夢中になって練習していましたら、私が驚くほど、とても上手になりましたね。

**陰山**　器械体操系とスイミングも習いごとの定番のようです。私の眼からみると、これらの習いごとは脳そのものの集中力をトレーニングするのにもっとも有効なものだと考えられます。特に小学校の中学年までは、長時間することにはあまり意味がないように思います。みなさんのお子さん方は、勉強時間、特に小学校時代はそれほど長くはなかったのではないですか？

当然、開成を受験しようとすれば、六年生になると別格になってくるとは思うのですが、それまで、五年生の半ばくらいまでは、そんなに勉強勉強という状況にならない子の方が多いのではないでしょうか。むしろ、四年生や五年生から必死に勉強ばかりしていると、途中で息切れがするといいますか……。このことは、世の中が相当誤解しているように思えるのですが、いかがでしょうか。

**田宗**　長男は、五年生の最後までサッカーをしていました。六年生になり、受験が終わるまでは少しお休みしましたけれども。五年生になってサッカーをしているときに、ほかのお母さんから、「そんな甘いことでは、中学校受からないわよ」と言われたことをとてもよく覚えています。

その方も受験するお子さんをおもちで、同じ少年サッカークラブでした。そうなのかしらなどと思いつつ、息子はそのときに塾にも行っていて、それなりの成績も取っていましたので、「まあいいか」と思ってずっとサッカーをやらせていました。後になって思えば、五年生のときに受験勉強だけに子どもの気持ちを向けさせなくてよかったなと思います。

## ■息切れしない教育法

**陰山** そうですね。しかし、開成学園や東大を目指す多くの人は、勉強勉強と、早い段階から必死になっていらっしゃるのではないかと思いますよ。実は、勉強だけを必死にしていても、合格は結構難しいといいますか、息切れしてしまうといいますか…。

**金沢** 中学受験のときは、公開模試に一度も行きませんでした。塾ではなく、大手予備校が行うような公開模試です。中学受験のとき、お母さんたちが皆さん顔見知りで、どうしてなのかと思いました。公開模試でお会いしていたようなんですけれど、私は、一度も行ったことがありませんでしたので、顔見知りの方はいませんでした。

**高石** 女の子さんのお母さんたちは、小学校くらいから親子二人三脚で勉強して、学校の成績を積み重ねていく方が多いと思います。

男の子の場合、自覚と集中力がマッチすると急激に成長すると思います。我が家の場合、中学受験ですと、六年生の夏から集中して勉強するとか、大学受験であれば高校三年生の五月の運動会が終わってから集中するという受験のスタイルでした。小学校では、ピアノや児童会長など、中学・高校では、管弦部長・運動会副団長として、受験まで一生懸命取り組んでいましたから。

**陰山**　意外とそれが正解だと思いますけれどね。

**高石**　受験に合格しましたので、正解だったかなとは思いますが、毎回、蜘蛛の糸を手繰り寄せるような感じはありました。

**陰山**　世の中は、できるだけ前倒しの学習をして、とてつもなく高いところを目指すことがよいのだというように思っているかもしれませんが、実は大概それは失敗するように思います。

私は、東大受験でいえば、合格点より一点多く取ることができれば、それがいちばんよいのではないかと思います。ところが、受験生の保護者の方の多くは、満点で合格させせようという意気込みで勉強をさせてしまうから、息切れしてしまうのではないかと思うのですが、いかがでしょうか。

要するに、受験期というのは特別なんですよね。世の中の教育学者さんの中には、受験勉強を学問だと思っている方もいます。私は、受験は受験であって、学問というよりもゲームに近いような気がするのですが、いかがでしょうか。

**金沢**　うちの息子の場合は、塾にとてもよいライバルのような友達がおりまして、いつも「お前が勝った」「俺が勝った」と、切磋琢磨しあいながら、とても楽しく塾に行っていましたので、それは幸せだったと思います。

**陰山**　受験勉強を学問だと思い、詰め込み勉強をして、周りのみんなはそんなに勉強をしていないから合格する。合格したら勉強したことはスコーンと忘れて、それはそれでよしとする。受験勉強は、合格するためだけのものだから。

あとは、スコーンと切り替えて、ここから何を勉強しようかと冷静に考えればいいわけです。要するに、受験勉強のための時間は、集中する力をもっていれば、意外と短くて済むのではないかと思うのです。
世の中の方の多くは、たいへんな誤解をしていて、幼稚園から準備をしなければいけないと思い、親の方が先に憂鬱になってしまう。そして、ほんの少しのことで親の方が切れて、家庭内が騒乱状態になり、子どもは勉強どころではなくなる。こんなパターンが、私は意外と多いように思います。

**高石** 今、陰山先生がおっしゃられたように、例えば、幼児期でしたら百ます計算のような算数の基礎と読書はきちんとしました。中学・高校時代でしたら、勉強のほかにもしてみたいことがたくさんありましたので、それらも本気で取り組みました。
そんな過ごし方をしていると、日常的に全教科で高得点を取るということは時間的にかなり無理がありましたので、英語と数学だけは落とさないようにしていました。

**陰山** ああ、なるほど。受験に対して戦略性があった方がよいですよね。

**高石** 戦略性と言えるのかどうかは分かりません。数学ができると、物理や化学は後からとても伸びるということを経験的に感じます。

英語は、短期間で習得するのは少し難しいと思います。長男のときに、英語だけは、少し難しかったという経験がありましたから。でも、弁護士になり、留学・仕事で英語を使う必要性があり、その段階で努力していました。California Bar の試験（注2）を合格する力をつけるためには、必要になってから努力をすれば問題ないことのようではありました。

**陰山**　受験勉強の英語は、その後、本格的な英語を使わなくてはならなくなったときにも、そのまま役に立つと思います。しかし、日本の英語教育は間違いであるとおっしゃる方が多いことも事実です。私は、間違いではないと思うのですが。

要するに、世の中の人が問題にする英語とは、外国人に話しかけられたときの英語だと思われます。しかし、実際の仕事で使う英語は、読み書きの方が多いと思います。つまり、契約書を読みこなし、きちんと文書を作成するということが必要であるということです。

受験英語は、こうした読み書きの英語であり、それはそれで、私は悪くないと思っています。ただ、時代が変わり、地方に住んでいても外国の方が来られて、話す英語の必要性が高まり、それが今の英語教育の改革の必要性に転化したのではないでしょうか。

**高石**　そのとおりだと思います。

注1　ＲＯＪＥ
ＮＰＯ法人日本教育再興連盟（Renaissance Of Japanese Education）の略称。二〇〇五年十月設立。
詳しくは、http://kyouikusaikou.jp/ を参照。

注2　Californaia Bar の試験
米国カリフォルニア州の司法試験（California Bar Exam）。

# 第三章　家庭の力

## ■食事と睡眠

**陰山**　ご家庭は明るくないですか？

**田宗**　うちはもう、家族皆、漫才師のようです。

**陰山**　そうなんですよ。うちの妻を見ていて、うちの子どもを三人とも、うまく育ててくれたなと思います。何がいちばんよかったのかなと思うと、笑う量がとても多いところではないかと思います。私は、結構しかめっつらですが。笑うことはとても大事だと思います。

私も、若い頃は、きちんと授業をしようと思い生真面目に授業をしていたのですが、途中で、だんだんつまらなくなって、ほぼ漫才状態で授業をするようになりました。笑いの多い授業をこころがけました。そうしたら、子どもが伸び出しました。

授業構成をきちんとして、びしっと進めようとするとあまり伸びない、子どもが委縮してしまいます。

これも世の中一般の誤解だと思うのですが、受験に笑いは必要ないと勝手に錯覚をされる方が多いようです。でも、皆さん、よくお笑いになりませんか？

**高石**　はい。笑いはストレス解消になりますね。夫が、座学より自然と遊ぶという考えでしたので、土・日は、夫は子どもと本気で遊んでいました。夫が大人の体力で遊ぶものですから、子どもは月曜日によく熱を出して学校を休みました。本当にそうなんです。学校を休んだとしても、楽しんだのだからそれでよいという人です。

**陰山**　それは正解です。家庭内での食事の話を聞かせてもらえますか？

**田宗**　私は、食事に関してはがんばりました。子どもが小さいときは、私は仕事をしていませんでしたから、なるべく自然なものをという思いで、食材を産地から直送してもらえるところに頼んで、なるべく手づくりを心がけ、種類を多く食べさせるようにしていました。三食、きちんと食べさせたいという思いもありました。また、なるべく魚を食べさせるということも心がけていました。

お母さん方とお話ししているときに、家族みんなが魚好きだという家庭が多かったことを、開成に入ったときだったか、受験前のときだったか、記憶は定かではありませんが、そんなことを聞いたのを覚えています。

私もそうなんですけど、子どもは、とにかくよく寝ました。睡眠不足だと頭がはたらかない、体も動かない、何もできなくなるというタイプの子でしたから、受験前も、結構寝ていましたし、小さい頃からよく寝ていました。夜の睡眠時間が長いのですが、昼寝はわりと少なかったように思います。とにかく、とてもよく眠っていました。息子も娘も、二人ともそうです。

陰山先生が提唱されている「早寝早起き」に関して言うと、早起きはできませんでしたが、早く寝させないと、朝はいつまでも寝てしまいますから、「早寝」はいつものことでした。早く起きさせようと心がけても、いつまでも寝ているということがありました。

夫は、仕事が忙しかったですから、帰ってきたときには寝ていますし、朝出かけるときも寝ているというのでは、かかわりが少なくなってしまいますので、せめて出勤時には起きているようにと思って、早く寝させるように心がけていました。

**陰山**　その当時の田宗家の標準的な睡眠時間は、何時から何時まででしたか？

**田宗**　何時に起きてたかしら。朝食を終えて、外出の用意をして、朝のＮＨＫの「おかあさんといっしょ」を見ていたので、小さいときでも八時には起きていましたね。

そのあと、必ず午前中は外に遊びに行っていたように思います。暑かろうが、寒かろうが、一回は外に出ようよと言って外出することが多かったです。それから公民館とか図書館に行って、帰ってきてお昼ご飯を食べて、昼寝をするという感じだったでしょうか。

また、住んでいたマンションには同世代の子どもが多かったので、友達がたくさんいたということもありますが、公園でみんなで遊ばせていました。

そして、帰ってきて、夕飯は何時に食べていたのか、今となっては記憶が曖昧ですが、八時には寝させていたと思います。幼稚園の時代までは、毎日十二時間くらい寝ていました。小学校に入ったときも九時間くらいでしょうか。受験期も八時間くらいは眠っていた気がします。

**陰山**　夜の十時以降に勉強していたことはないですか？

**田宗**　試験の前の日くらいは、あったかもしれないですけれども、普段はなるべく早く寝るといいますか、体がもたないようです。いまだにそうみたいですけれど、寝ないと頭がはたらかないという子ですね。

**陰山**　大学受験のときも、だいたい十一時くらいとか？

**田宗**　大学受験のときは、もうちょっと遅かったかもしれないです。ただ、準備期間がとても短くて、受験勉強を始めたのが高校三年の夏からでした。そのとき、塾に入ろうとしましたが、時期が遅すぎて、入れてくれる塾もなかなかないという状況でしたので、遅くまで勉強をしていたことはあったかもしれませんが、私は「そんなに勉強しなくても早く寝た方がいいんじゃない」と言って、先に寝てましたのでよく分かりません。

**陰山**　遅くまで起きていられないということですね。

**高石**　うちの場合も、田宗さんの場合とよく似ています。やはり規則正しい生活をするように心がけていました。早寝早起きと、規則正しい食事を心がけていました。
私も産直の食材を届けてもらっていました。素材にこだわり、バランスのよい食事内容と規則正しい食事時間を大切にしました。
小学校中学年くらいまでは、おそらく八時か、遅くとも九時には寝ていました。うちの場合はわりと早起きで、六時くらいには起きていました。

**陰山**　大学入試の時の就寝時刻は何時くらいでしたか？

**高石**　よく覚えていないです。受験勉強を始めたのは、開成高校の五月の運動会が終わってからという完全な駆け込みでしたので、私が、起きてつきあっているということが全くありませんでしたから、何時に寝ていたのかはよく分からないです。ただ、うちの子どもは体力がないので、睡眠時間は自分で調整していたと思います。

**陰山**　そうですか。私が今まで学生に直接聞いた限りでは、たまに十一時を超えることはあるようですが、このご時世でも十一時を超えて受験勉強をしていたという学生はほとんどいないんですよ、東大生は。

**高石**　学校に行っている間はきちんと早く起きるので、そこから逆算しておそらく十一時くらいには寝ていたと思いますけれども、学校に行かないときは、就寝時刻がずれていたのではないかと思います。どちらにしても体調を保つために、睡眠時間は十分確保していました。

**田宗**　おそらく、十二時を超えての勉強はしていなかったと思います。夫は、毎日十二時頃に帰宅して、そのときに勉強していると、「何やってんだ」と怒っていたそうですので、十二時にはやめていたと思います。

「勉強しなさい、と怒る親はいるけれど、うちは逆だ」と息子に言われました。

**金沢**　うちは、幼少期は遅寝遅起きの子で、生まれてから昼寝もしない子でした。赤ちゃんなのに、十二時くらいまで起きていました。十二時まで寝ないで十一時くらいまで起きませんでした。何をしても起きなかったです。体内時計が狂っていたのか、そんな感じでした。

　ただ、三歳くらいの頃からは毎日公園に行くようになり、お友達が九時や十時に公園へ行くので、八時くらいには起こして、雨が降ろうが、雪が降ろうが公園に行くという生活になりました。

## ■三歳から十歳がポイント

**陰山**　三歳の頃のお話ですね。体内時計が本格的に固まるのは、だいたい三歳から十歳くらいです。そのときに、体内時計を安定したものにしておかないと、あとで困ることになる場合が多いようです。

　子どもの脳みそというのは、結構パワフルなので、多少睡眠不足であっても、頭をはたらかすことができます。ところが、体の疲れは残ります。

　その結果、何が起こるかというと、小学校の高学年で燃え尽きてしまい、不登校の原因になることもあります。睡眠不足の疲れは蓄積していきます。こういう考えを言うと批判を受けることもありますが、不登校の原因の一つは、睡眠の乱れであると私は考えています。睡眠時間の不足だけではなく、就寝時刻が不順であることも含めてです。部活で疲れたから、帰宅後まず寝て、それから夜十時くらいから起き出して勉強するというのはおすすめできません。体が多少辛くても、十時くらいまでがんばって勉強して、さっさと寝て少し早めに起きるというほうが正しいと思います。

午前一時、二時に目が覚めているというのは、あまりよくないのではないでしょうか。それでもなおゴリ押しでパワフルに活動すると、今度は三〇代になって影響が出てきます。若年性のウツは、体内時計の成熟不足が原因の一つであると考えられます。なぜ、三〇代かというと、その年代までは、身体に負荷はあまりかからないからでしょう。特に最近の若者たちはブラック企業という言葉もありますが、とんでもなく働かされることが少なくありませんから。その段階で体に悪い影響として出始めるのだと思います。

幼稚園までの生活がとても重要です。その時期に、早寝早起き朝ご飯を実践していればリズムができて、その習慣は小学校二、三年生くらいまでは最低続きます。そのときに体内時計が完成するわけですから、そのあとで多少の遅寝遅起きをしたとしても調整がききます。基本的な生活のリズムが完成していないと、後で、何をしても上手くいかないことが多くなると思います。どうしても、少しずつダメージとして、蓄積されてしまうのです。

ですから、私は「モンテッソーリ教育」ではないですけれども、本当はいちばんしなければいけないのは、小中一貫でも、中高一貫でもなくて、幼小一貫ではないかと考えています。幼小一貫が重要だというのは、三歳から十歳のところを完全に固めたいからです。

それからあと、体内時計が完成したあとは、たとえどんな無理をしたとしても、それはその時間枠の中で調整をすることは可能です。未完成な場合は、あとで無理をすれば調整は難しくなってしまいます。

**金沢**　十歳までの脳というのは、それほど大事なんですか。

**陰山**　とても大事です。私もいろいろな子どもたちをずっと見てきて、それは本当にそう思います。

三歳くらいまでは、胎内にいるのと同じような状態だから外が明るかろうが暗かろうがかまいませんが、三歳くらいからは、明るさを意識し、大人になってからの生活を意識し始めます。そこから体内時計が固まってきますから。
子どもたちがしゃべり出してからあとの、大人とのかかわりが決定的に重要だなと思います。
ところで、小学校一年生くらいの頃は、睡眠はしっかりとっていましたか？

**金沢** お友達が迎えに来てくれても、ぎりぎりまで寝ていました。就寝時刻もそれほど遅くはなかったと思いますが、十一時くらいまで起きていました。

**陰山** では、気をつけられたほうがいいかもしれません。睡眠の乱れは、後になってからダメージが出てきますから。

**金沢** 三〇歳くらいまでは気をつけます。

**陰山** でも、食事は注意されていましたよね？

**金沢**　お米が大好きでした。とりあえずお米は絶対ないとだめというくらいです。

**陰山**　それは素晴らしいですね。これも、よく解釈が違うと言われますが、ご飯食組とパン食組の成績をみると、テストの平均点が、五点違いますね。大きいでしょ、五点って。

**高石**　うちはご飯ですね。今もそうです。

**田宗**　うちは両方ですね。パンもご飯も。

**陰山**　ご飯の方が食材の数が増えるからということで、パンがだめでご飯がいいというのではないかという説もありますが、何はともあれ、データ的にはだいたいご飯中心の子どもの方が高くなっています。あくまでも平均の話ですが。全部というわけではありません。

**高石**　少し違う話ですけれど、「父親が朝ご飯を食べる家庭の子は、勉強がよくできる」という話がありますが、よく聞いてみると、父親が食べるからではなくて、食べる支度をする母親がいるからだということのようです。そういう家庭環境だからということでしょうか。

**陰山**　その話はよく出るんですけれども、私の結論から言うと、ご飯の存在はもっと大きいです。栄養を与えるという、要するにそれが大前提であり、そこに家庭のしつけが付加されてくるからということですね。食べるということが大事ですね。

だから、六〇歳近くになってくると食べ物で身体が全然変わります。それが若い間は元気だから、そのことが意識されないだけで。食べ物が体に与えている影響はとても大きいと思います。

**高石**　仕事を始めると夜が遅くなる場合が多くありますが、それが原因して、朝ご飯が食べられないという人が多いように思います。朝ご飯が食べられないということは身体に影響は出ますか？

**陰山**　「だから、日本経済はだめになった」と、私は真面目にそう思っています。高度経済成長期、あの時期に晩の十時まで仕事をしている方は少なかったと思います。日本のビジネスマン、東京は違うかもしれませんが、地方では少なかったでしょう。

なぜなら、私が子どもの頃、お父さんの情報源は七時のNHKニュースでした。それが、そのうちニュースセンター九時が始まって、「え、こんなに遅い時間からニュースを見る人がいるんだ」と思っていたら、十時からニュースステーションが始まりました。

ニュースステーションの視聴率は当初は低かったと記憶していますが、アキノ革命が起きたときに、一気に視聴率が上がりました。それはアキノ革命が直接的に関係しているわけではなくて、この頃から残業規制が撤廃されたからです。その結果が、遅寝早起きにつながりました。

だから、世の中の流れにそって、努力と根性で「遅寝早起き」をしてでも出世しようと思う人は考えたほうがよいかもしれません。私は、うちの子どもの中でブラック企業に勤めていた子を辞めさせました。「人生を棒にふる。そんなに夜遅くまで働かせる会社は辞めなさい」と、言って、本人は続けたいと言いましたが、許しませんでした。

## ■父親、家族、親戚

**田宗**　子育ての最中の夫の勤務状態は、まさにそうでした。土曜、日曜もありませんでしたから。当時は、休日返上は普通だと思っていました。

**陰山**　いやいや、今も普通です。

**高石**　今の若い人は、家庭をとても大事にしていますよね、男の人が、特に。うちの長男もほんとうに家庭を大事にしています。父親と同じで、土・日は子どもと遊ぶのが楽しいようです。

**陰山**　それがよいのか悪いのか。というのも、家庭が大事だと思う人の割合は、実は一九七〇年代、二割もいませんでした。かれこれ四〇年くらい前の話です。あの頃は、何がいちばん大事かというと、職場でした。今、それが逆転したわけです。そのことが何を意味するかというと、家庭以外の人間関係が希薄になってしまったということです。実は、日本の犯罪の半分以上は家庭の中で起きています。親殺しだったり、子殺しだったり、親戚殺しだったり。これは、あまり語られていませんけど。中でも凶悪な犯罪が起きてニュースで報じられると、有識者といわれている人たちが、「親子関係が希薄になっている」とコメントしていることがありますが、逆です。親子関係しかないから、そこでもめてしまうと、ほかに行くところがないから、犯罪につながることがあるということです。

昔であれば、何かあると親戚のおじちゃんがやって来て「何バカやってんだ」とか、隣近所のおじちゃんが、「お前、夫婦仲どうにかしろよ」とか言ってくれたものですが、今はほとんどなくなってしまいました。それで、家庭崩壊です。

だからといって、今すぐに、隣近所仲よくしましょうといわれても、それには社会改革が必要になります。非常に難しいです。そこで、私が、おすすめしているのは、親戚は大事にしましょうということです。

ご近所さんとか親戚を大事にしていると、やはり家庭が安定すると思います。家庭が安定するということは、お父さんもお母さんも気持ちが安定するということです。これは子どもの成長にプラスになります。

**高石**　やはり、いちばん子どもを可愛がってくれるのは祖父母、そして、友達の親、学校の先生なので、親がよいコミュニケーションをとり、子どもが居心地のよい場所をたくさんつくることを心がけていました。

**陰山**　そうです。それが、「早く塾に行きなさい」と追い立てるものだから、子どもたちも行き場がなくなってしまうんですよね。

田宗家以外のお父さんの役割はどうでしたか。

**金沢**　うちの場合は、日曜日は休みでしたが、夫はほぼ一日寝ていましたので、母子家庭に近いものがございました。どこかに行くというときは、子ども二人を連れて私が車を運転して行きました。

**高石**　うちはとても子煩悩なうえに、体力がとてもありましたから子どもとのかかわり方がすごかったです。尋常ではないと思います。どう考えても体力が尋常ではないです。自分が遊びたいから、どこへでも連れて行きました。土曜日、日曜日、夏休み。海が好きなので、海に行ったら磯遊びをしたり、山に行って登ったり。子どもと遊ぶということを徹底してやりました。

今も、季節になれば潮干狩りに孫を連れて行っています。遊びは徹底しています。息子もそれを受け継いでいるという感じですが。

**陰山**　家族旅行はいかがですか？

**田宗**　うちは少なかったと思います。私の実家への里帰りと、あとは三年に一回くらいの海外旅行くらいです。

**金沢**　我が家の場合は、毎年、夏に親族で旅行していましたので、受験のときも無理矢理引っぱっていきました。

**陰山**　家族旅行は、大切だと思っています。家族旅行に行く機会と学力との関係に、一定の相関関係があることを、私は経験的に知っています。

**高石**　うちで、子どもの年が離れていてとてもよかったと思っているのは、男の子だと中学生くらいになると反抗期になって親から離れることがよくあると思いますが、その時期に下の子が生まれたのでいつまでも家族が家族としてまとまっていたということです。上の子は、下の子の面倒を見てくれていましたし、大きくなってからも、家族旅行は全員で行くものという雰囲気がありました。

**陰山**　お父さんと息子さんとの関係はどうですか？ 普通の会話ができますか？

**田宗**　夫は、子どもに対して一切干渉しないということと、小学校三年生くらいからは大人扱いをするということを心がけていたようです。息子自身も、父親のしていることをよく見ていたように思います。

**陰山**　でも父親って、「言わないようにしています」と言って、実はしっかり言っていることが多いと思いますよ。その場で建前上言っているだけで、結構しっかり言っていることが多いものです。

**田宗**　大学に入ってからは、私がいないときに二人で飲みに行っていましたね。男同士で分かり合えるところもあるからだと思いますが。

**陰山**　そうなんですよね。小学生の頃というのはお母さんの存在がいちばん重要なんですが、お父さんの出番が出てくるのは中学生以降です。それも、回数ということよりも、問題を起こすかもしれないという大事な場面で、お父さんが入っていって、話を聴いてあげる状態にしておけば大丈夫です。

小学校三年生で大人扱いされていたということは、要するに、がみがみ言われなくてはいけないようなことはしないと分かっていたといえると思います。

いちばんよくないのは、普段は離れていて、何か問題を起こしかけたときにだけ入っていくから、今頃になって親父は入ってくるなとなって、子どもにははねつけられてしまうんですね。

**田宗**　はねつけられるようなことはありませんでした。家族会議が好きでした。家族で意見を合わせようということを、小さいときから言っていました。

**陰山**　それがいちばん苦労ではありませんでしたか？

**田宗**　そうでしたでしょうか。そうでもなかったと思います。

**陰山**　我が家はそれがいちばん苦労でしたね。女房と意見を合わせるということが。

**田宗**　父親が不在がちなことに対しても、子どもたちから一切不満とか、だめという文句などはなかったですね。

**陰山**　金沢さんはどうでしたか？

**金沢**　うちは、主人が受験が大好きなんです。子どもたちが巣立ったあとでも、受験実績とか買ってきて一生懸命見ています。私は興味がありません。だから､面接は主人が全部行っていました。

**陰山**　お父さんの出身大学はどちらですか？

**金沢**　早稲田です。本人は、東大に二回落ちました。だから子どもが入ったときはとても喜びました。

**陰山**　そういうことが動機になって、おかしな勉強のさせ方をさせたら困りますが、別に親の都合で東大を受験させてもよいと思います。要は、子どもが親の気持ちに上手くのってくれるかどうかです。お父さんは、東大受験に関して上手に仕向けられたのではないですか。

**金沢**　中学受験に、いちばん力が入っていました。

**陰山**　要するに、お子さんがこうしたいという想いが強くあるのに、「いや、お前は東大に行かなきゃいけないんだ」と決めつけてしまうと、いろいろ問題が出てくると思いますが。

**金沢**　中学受験で志望校を決めるときも、自分で開成に行って見てきて、「ぼく、ここ行く」と決めた結果です。

**陰山**　その辺が東京ですね。開成や麻布から東大へ行くというブランドが確立しているから、スムーズに行きやすいということですね。

　関西で同じことをしようとすると大変なことになってしまう場合もあります。

　うちの子が、受験大学を最終的に決めたのは、ある日、突然何も言わずに家を出て行きまして、妻に「どこ行ったの？」と聞いたら「知らない」と。実は東京に東大を見に行っていました。

　子どもが幼稚園のときに東大に連れて行ったことがあります。私もそれまで東大を見たことがなかったものですから、「おお、これが東大か。よく見とけよ。ここに入るんだからね」って、すり込んでおきました。これは結構、定番ではありますね。東大でも京大でも、小さいときに一度見せておいて焼きつけておくというのは。

　前に言いましたが、私は、学生のボランティアの支援をしています。その中で震災支援の一環として東北の子どもたちを東大で勉強させて、東大を案内するという企画をしました。そのときに、学生たちに東大を案内してもらって、こんなにすごいんだと、私は勉強になりました。観光としてもいいと思います。東大は、江戸時代から続いてるような森などが残っていますからね。

**田宗**　外国人も喜んでくれます。

**陰山**　赤門も、とても日本を感じさせてくれますね。

**高石**　今は、合格発表のときの胴上げがなくなり、インターネットで合否を確認するようになりました。

**陰山**　そういったものがなくなるというのは、寂しくなった感じは少ししますね。

**高石**　合格発表のときは名前が出なくなりました。番号だけになってしまいました。

**陰山**　合格発表のときに娘に「結果を見てきて」と頼まれて、見に行って、写真を撮ってきました。今でも記念にとってあります。

# 第四章　私立学校への進学

## ■人間形成の場としての学校

**陰山**　私立の中学・高校については、どうお考えですか？

**高石**　私はとてもよいと思っています。長男は、親の考えで公立中学校に通いましたが、次男は、私立武蔵中学・高校に行きました。三男は、私立開成中学・高校です。私立学校の六年間の環境の財産はとても大きいと思っています。

**田宗**　開成学園は、特によかったと思います。

**高石**　そうですね。それで、次男は武蔵に入りましたけど、やはりとてもよかったです。多くは、兄弟ともに同じ学校に入れる方が多いようですが、うちは、兄弟でタイプが全然違いましたので、次男には武蔵が合っていて、三男には開成が合っていて、とてもよかったです。中学受験の場合、子どもの性格に合った塾選び、学校選びは、親の大事な仕事だと思います。

**陰山**　とてもよかった…。何がよかったのですか？

**高石**　やはり、同じように受験を突破してきた学友との人間関係と、伝統に培われた環境と自由な校風。そして、卒業後の同窓としての強いつながりです。

**陰山**　これは、また意外な言葉が出てきました。開成が自由であると。

**高石**　武蔵も開成も本当に自由な校風です。

**陰山**　自由ということについて、具体的に教えてください。

**高石**　武蔵の場合でしたら、先生と親との面談が、私は六年間一回もありませんでした。親が希望すればしてもらえますが。子どもに対しても順位の成績表はないです。自分の成績や進路を自分で管理して、決める力をつけてくれるというところが、自由の成果だと思います。

**田宗**　私も、開成では先生との面談は一度もしたことがありません。

**金沢**　特に問題がなければ、来なくてもよいという感じでしたね。

**陰山**　それが普通でしょうね。昔は、高校生になって、それほど親がこなくてもよい。子どもの方も、おそらく同じように思っていたと思います。以前は、それが当たり前だったと思いますが。

**田宗**　開成も、校則は一応あるとは思うのですが、みんなあまり気にしてはいないように思います。あるのか、ないのか分からない感じです。

先生方は、それほど厳しくはなく、結構、自由にさせてくれていたと思います。先生がなんでも決めるのではなくて、全部自分たちが決めます。旅行にしても行事にしても。

特に、開成は運動会がいちばん有名です。運動会は、先生方は運営に一切関係しないようです。丸一年かけての生徒運営です。

うちの子は、運動会のときに「組責」といいまして、クラスをまとめる組責任者でした。

開成高校は、一学年に八クラスありまして、クラスごとに八色に分かれて、中学一年生から高校三年生まで縦割のチームをつくります。息子は、その全体の中心者を任せていただいていたのですが、先生が何か言ってくると、それに対しての交渉をして、生徒たちで全部時間割も決めます。また、各クラスの中で役割ごとに係が決まっています。息子は、あの経験がいちばんよかったと言っています。

組責を経験させていただいたということは大学に入ってからも生きていますし、運動会で組責を経験したことで、今の研修医の苦しみなども耐えられるということをよく言います。

あと、人間関係はとてもよいですね。上下関係がきちんとしているので、今でも、例えば、就職したときなどに開成出身というと、先輩の方から、運動会では何色だった?というのが挨拶になっていまして、何色かによってクラスが決まっていますから、私たちは三人とも紫なんですけれども、紫と言ったらそれだけで仲間意識が生まれて、上と下とがつながるというのでしょうか。その上下関係を学ぶのも、入学と同時に高校三年生の先輩たちから教わるそうです。五月の運動会に向けてがんばる。そういうことから始まって、縦・横のつながりがとてもよいと思います。

**陰山**　開成高校は、東大に受験・合格できる学力を与えている場ではないということでよろしいでしょうか。

**田宗**　そうです。第一は、人間形成をする場です。

## ■中学、高校時代

**高石**　いちばんよいと思うのは、息子はクラブ活動をしていましたが、中一から高三まで縦のつながりがあるということです。

運動会も同様です。中学一年生にとって高校三年生は大人で、規律・責任感・達成感を直《じか》に教えてくれます。伝統的に受け継がれているすばらしい校風です。

勉強に関して言えば、自然にこなしていけば受験に到達できるくらいの学力を身につけさせてくれると思います。ただ、成績を気にしない人が多いと思います。それがすごいと思います。できなければいけないということもなければ、できないということもどうということでもない。成績ではなくて、ほかのプラスアルファでお互いに評価し合っているように思います。

**陰山**　そこがよくわかりません。開成生であろうが、麻布生であろうがどちらでもかまわない、実質的に学力をつけてるのは塾と予備校なのだからと言う人がいますね。

**田宗**　全く塾に行かずに受験している方もいます。

**金沢**　自由ということについて言うと、父母会に行ったときに、一人の学生が、足元におけを置いていましたので、中を見たらジュースが入っていました。学生が、コンビニエンスストアで、氷を買ってきておけに入れ、それに足を入れてジュースを冷やして飲んでいました。夏で暑いし、クーラーが壊れているからということのようです。こういうことが許される学校なのだと思いました。

**陰山**　ふうん、そうなんですか。

**高石**　多くの人は、いろいろなほかの活動も熱心にしていて、学校の授業も全部こなしています。学校の勉強だけをきちんとしていらっしゃる人は、あまりほかの活動はしていないことが多かったように思います。

いろいろやってきた人たちは、最後に追い上げようと思うから、やはり塾を頼りにするというところはあると思います。

ただ、学校の勉強が受験に即していないということはないと思います。

**陰山**　結局、塾も必要に応じて、みなさんがチョイスしているということでしょうか。

**高石**　そういうことだと思います。

**陰山**　うちもそうでした。数学と英語の一部だけは、これでは少し足りないからといって、塾に行きかけました。結局、数学はもう大丈夫と判断して、英語だけ予備校へ通っていました。受験に向けてみなさん自分でプロデュースというかコーディネートをして、足りない分を塾で補うという感じですね。

**田宗**　塾に関しては、ここにいらっしゃる人たちは似ていますけど、違う方もいらっしゃいます。

中学に入学したときに、正門の前に塾のパンフレットを配布している方がずうっと並んでいましたが、そのまま塾に入る方もやはり何割かはいます。いろいろです。

開成自慢になるかもしれませんが、結局どのパターンもＯＫなんですよ。勉強ばかりしている子は、勉強ばかりしてすごいよね、となりますし、勉強していなくて、クラブ活動を一生懸命している子は、それはそれですごいし。

運動会のときも、絵（七メートル×九メートルのアーチ）を描くのですが、運動ができなくても絵を上手に描いたら賞があります。組ごとに歌（エール、応援歌）も毎年つくりますが、音楽に秀でた子はそれはそれですごいということになります。

何か、自分の好きなことに没頭できる、それを認め合い、お互いにみんながＯＫとしているという感じでしょうか。

**陰山**　なるほどね。私は関西の人間なので、灘高校や白陵高校の情報は入ってきますが、開成や麻布などの関東の高校の情報はあまり入ってきません。
ただ、麻布の校風は自由だとは聞いていましたが、開成は結構ぎっちりしていると聞いていました。

**高石**　私も次男のときは、そういう印象がありましたので、開成を避けて武蔵に入れましたが、実際には自由度は同じくらいだと思います。

**陰山**　そうなんですか。なるほどね。やはり、自分で自分自身のことをしっかり考えられるような環境であるということですね。
今、お話を聞いていたら、開成の評価が高い理由がよく分かりますよね。皆さんが、望まれる意味が分かります。公立は、規則規則で厳しくする一面がありますから。

**金沢**　でも、不純異性交遊では退学になります。不純異性交遊があると放校になりました。

**陰山**　ああ、そうですか。

**田宗**　聞いたことがあります。

**金沢**　不思議に思っていたのは、中学生に留年があったことです。義務教育なのに、なぜそういうことができるのかしらと思っていました。

**陰山**　義務教育課程でも、留年はできなくはありません。原級留置（注1）といって、法的にはできないことはありません。ただ、やる側の学校に、相当度胸がいりますけどね。

**高石**　私立中学も東大も、入ってから楽しめるくらいの余裕がないと、マイナスになる場合もあると思います。

**陰山**　そうですね。確かに、そういう学生はいると思います。なぜ無理して入学してしまったのだろうといいますか。

**田宗**　いますね。中学でもいますね。そういう子が。

**陰山**　私からすると、開成・麻布人気というのは詳しくは分からないですが、関西の、灘人気というのと、だいたい似たようなものだと思います。

**田宗**　私たちのときからかなり年数が経ちましたが、受験に対する姿勢が、今は変わってきているというお話は聞いたことがあります。だんだんきつくなってきているというか。そんなお母さま方が増えているというか。

**金沢**　受験勉強、受験勉強、という感じということですか？

**田宗**　そうですね。

**高石**　子どもが小学生のときには、塾の勉強について、子どもと整理をしていたお母さまは多いのではないのでしょうか。私たちの頃でもあったと思います。

要するに、子どもの成績の整理をして、間違っているところを学習しなおさせるということをしていたお母さまは多かったと思います。私はできませんでしたけれど。

**田宗** 私は、四年生くらいのときまでは一緒にしました。私が計画表をかいてみせて、こうかくといいよとか、まとめ方とか。その後は、子どもが自分でできるようになりましたので、一切見ませんでしたが。そうしたことを、最後までしていらっしゃるお母さまはいらしたかもしれないですね。

**金沢** お母さまの能力が高いということでしょうか。でも、そうするとその後どうなるのかしら。

**陰山** 頼るくせをつけちゃうとだめですよね。そこのところで、保護者の方がコツだけ教えて、あとは自分で勉強していくように仕向けていくならOKだと思いますが。

でも、どうでしょうか。次女を受験させるときのいちばんのハードルは、実は学力ではありませんでした。東大を受験させようと思ったとき、模試の結果はE判定で箸にも棒にもかかりませんでしたが、実はそのことはあまり気になりませんでした。一年で追いつけるだろうと思ったからです。それよりまず、東大に行こうと思わせる、というのが難しかったです。

**高石**　それはあります。長男は、東京工業大学に行きましたが、それは主人が理系で東京工業大学出身でしたから、そこが目標というイメージでした。ですから、そのときは、誰も東京大学受験ということを思いませんでした。

次男は、武蔵中学に入ってから、自然と東大受験が当たり前のことのように感じるようになり、東大、同大学院に進学しました。そこが環境の違いだと思います。

**陰山**　うちの次女が入学した高校は、広島県の新設校でした。先輩もいない、広島の山奥の学校でしたから、東大なんて月か火星かみたいな感覚でした。

**高石**　それはあります。だから、本当に環境とか、親の意識とかで、子どもの育ち方は全然違ってくると思います。でも、東大がゴールでなく、東大をステップにして、充実した生活をしてほしいですね。

## ■東大に対する意識

**陰山**　これはわりと知られていませんが、東大の入学者の六〇パーセント近くは関東圏です。東北は五パーセント程度しかいません。近畿地方で十三パーセント。九州は十パーセント弱です。私のいる関西から見ていると、自分自身にとっても東大は縁遠い存在です。そういうと東京は当たり前だけど違いますよね、あれが東大だ、でいいんですから。

開成学園は、東大から近いんですか?

**田宗・高石・金沢**　（皆さん口々に）近いです。

**陰山**　それは、大きいですね。

**田宗**　センター試験も自校で受けます。開成が東大に貸すという形式です。開成の学生は、自分の学校で受けるということになります。

**陰山**　それは有利ですね。何で開成の学生が東大を受験するか、少し分かってきました。

**田宗**　でも、入学するまでは、これほど自由だとは思いませんでした。思ったより自由でした。

**金沢**　多分、お母さまたちが運動会で魅了されるということはあると思います。たくましい男たち、という感じがよいのではないでしょうか。

**田宗**　五月の運動会は強烈です。上半身裸で、裸足です。一万人の観客の中で、棒倒しで人の上に乗っていくという種目もあります。

**陰山**　そうであるべきですよね。

**田宗**　今年は大きな怪我人もなく、救急車が出なくてよかったねということも聞いたこともあります。

**陰山**　多くの学校では、怪我をさせないように、怪我をさせないようにと慎重になりすぎていますよね。その傾向は、非常に心配な面もあります。

**田宗**　そういうふうになっていると思います。だんだんと。

注1　原級留置
　学校に在籍している児童・生徒・学生が、何らかの理由で進級しないで同じ学年を繰り返して履修すること。落第や留年に対する公式の表現。学校教育法施行規則の中で、児童生徒の成績不良を理由に校長の判断で原級留置をさせることも可能であると定めている。

# 第五章　教育のこれから、子どものこれから

## ■制度改革ととまどい

**金沢**　今、小中高一貫（注1）とか、六・三・三制を、四・四・四制（注2）に変えるとニュースで報道されていますが、今後どのように変わっていくのですか？

**陰山**　現実的には、具体化していくのはかなり難しいと思います。

**高石**　変えれば変えるほど、高校受験の学校群制度（注3）から始まって、私たちのような一般市民は、変化に対応していかねばならず、とても大変です。

**陰山**　どのように具体化できるのか、私には分かりません。それほど難しい話です。当面は変化がないと思いますので、静かに見守っていればよいと思います。

**高石**　私たちには、いろいろと、直接的な影響がありました。三男の年代は、いわゆる「ゆとり世代」にぶつかりました。

三男が法科大学院に入ったときは、法科大学院に入らないと司法試験が受けられない時代でした。

また何年かすれば、そうした制度も変わってしまうのではないでしょうか。私たちから見ると、あまりに変わりすぎだと思います。

**陰山**　その意味では、官僚も学者も、現場の実態を把握しきれないままに決定しているところがあるように思います。

**高石**　本当にそう思います。現場でさまざまな選択を迫られる立場からすると変化に対応していくことは本当に大変です。

**陰山**　行政が先走っているような気はします。現状では法科大学院制度などは対応せざるを得ないわけですが、すでに、六・三・三制を、四・四・四制とする取り組みをしている学校はありますが、校舎まで変えるというのであれば信用してもいいと思いますが、校舎を変えずに、四・四・四制で何とかしますという場合は、そこに入っていくことは慎重に考えた方がよいと私は思います。

　現実的には、教科書のことを考えれば、変えることは相当に困難です。教職員は基本的に教科書に拘束されますから。変えようと思うのなら大きな無理をする必要があります。

**田宗**　開成もフェリスも、教科書は配布されますが、あまり使っていないように思いました。その代わりかどうか、プリントはたくさんもらっていました。そういうことができるということは、よいのかもしれませんね。

**陰山**　そうですね。では、プリントであればいいのかというと、そのプリントを誰がつくるかという話になってきます。

　イギリスでは、一応教科書はありますが、有料制です。だからでしょうか、購入しない生徒たちは多いです。ですから、先生たちはプリントをつくりますが、プリントの内容のレベルは、先生の力量によりますから、学校間格差が思いのほか広がっています。ロンドン近辺で私学優位の考え方が広がっているのはそういう理由です。

　プリントで授業を進めていくということは、よいですけれども、生徒の学力に合わせてプリントをつくることができるのかどうかが問題です。プリントづくりは、私の得意とするところですが、実はほんとうに難しい作業なのです。
開成であれば、学生が、ある一定の学力層で揃っているので、学生全体に向けてつくることができると思います。多くの学校では、校内で、成績にかなり差があることが少なくありません。そういう状況で同じプリントを使い、授業をするのはかえって難しいですね。意外と厄介なんですよね。

**高石**　三人の子どもは、皆、公立小学校で学びました。実際のところ、受け持っていただく担任の先生で、授業内容は全然違いました。三人とも担任の先生に恵まれて、よかったと思います。
また、どこかのクラスで問題がおきても、ほかのクラスの先生は何もできないんですね。そのことにとても驚きました。

**陰山**　それは、校長がしっかりしていればできます。では、そうすればいい、と思いますが、そうはなりません。なぜなら、校長先生が、そういう状況に十分対応できていない状況が現実だからです。

学校に対する世間の風当たりが強くなっている中で、多くの先生が、クラス担任として現場でがんばってきちんと成果を出していく方が、仕事に対する充実感などもトータルに考えて、よいと思っています。つまり、優秀な教師が校長などの管理職の道を選ばなくなってきています。

**高石**　息子の小学校時代の担任の先生は、陰山先生が提唱されている「基礎・基本の徹底」を実践してくださいましたので、それが土台になっていると思います。小学校の行事や展覧会、委員会活動に一生懸命取り組むことは、その後の基礎になりますね。

**陰山**　結局、そこの部分で決まってしまうことが多いのも現実です。

例えば、小学校の一、二年生のところで、保護者の方がある意味嫌がるくらい基本的な指導をしっかりとしてくれる先生が担任であれば、その後の学校生活は上手くいきます。小学校に入学したときに、自分の子どもが長男長女だと、保護者の方は何かにつけて不安になる方が多いと思います。

そんな不安を感じたときに、今、保護者の方はすぐに学校に行きます。そのときに、「何を言ってるんですか。大丈夫です。安心してください」と、はっきりと答えることができるような先生が必要です。残念ながら、今、そういう先生は保護者の方に抗議されるようになってしまいました。そして、すぐに退職されてしまうこともあります。五〇歳前後で、優秀な女性教師は辞めてしまうことが多いです。虚しくなってしまうのかもしれません。実は私の周囲でも多いのです。クレーマーの親は、いい教師をターゲットにするのです。勉強なんてどうでもいいというムードになれば、あとは言いたい放題になってくるからです。

**高石**　長男の小学校ではいじめがすごかったんです。時代的に校内暴力はありましたよね。

**陰山**　校内暴力を体験した世代の方の保護者の方がいると、学校は結構つらいんですよ。

## ■子どもの結婚と孫

**高石**　先ほど、結婚の話がでましたけど、うちは三人とも結婚して、孫が三人います。

**陰山**　私も、自分の子どもたちを早く結婚させたいです。

**高石**　大学は通過点で、東大を出た人として就職や結婚をしましたので、本当にうれしく思います。

**田宗**　できないかと思うと不安になります。これからの私たちの関心は孫になっていくのでしょうか。

**高石**　教育しなくてよいので、可愛いだけです。

**陰山**　いや、でも地方の暮らしの中では、おばあちゃんの指導力があなどれないです。

**高石**　遊んであげるという意味ですか？

**陰山**　遊びもそうですけれど、例えば子守唄を歌ってもらうとかです。賢い子どもの育て方というのは、地方の暮らしの中には、おばあちゃんの知恵として脈々と生きてるんですよ。

山口小学校の実践（注4）ではそこまでは書いていませんが、おばあちゃん力は、実は結構強力だと思います。教育力のあるおばあちゃんのいる家庭というのは、教師の指導がすうっと入っていきました。

若いお母さんだと、ついつい「そんなに勉強、勉強と言わなくていいよ」という流れに乗ってしまいがちですが、おばあちゃんたちが、「だめよ、きちんと読み書き計算の力を身につけなくちゃ」となるのです。

今では当たり前になりましたけど、当時何にもなかったゆとり教育の時代に、古文や漢文の素読とか暗唱とかできたのは、おばあちゃんたちが拍手喝采してくれたからできたことです。ゆとりの時代でしたら、外でそんな話をすると総スカンを食らっていました。ただ、おばあちゃんたちが、孫が難しい古文や漢文を読むのを、喜んで聞いてくれていました。

実際にあったことですが、難しい古文や漢文を大きな声を出して学校の帰り道に読むと絶対によいことがあるからと、何の根拠もないまま言ったことがありました。子どもたちが本当にそれをしていたら、近所のおばあちゃんがおやつをもって飛び出してきてくれたそうです。「あなたは賢い！」と言って。

「先生、やっぱりいいことあった！」って言っていましたよ。

おばあちゃん力はあなどれないですよ。だから、お母さん方の方が安心できるのではないですか。

**高石**　陰山先生のお子さまは、どなたも結婚していないいんですか？

**陰山**　ええ、まだなんですよ。今、反省しているのですが、「まず仕事をしっかりやれ」なんて、ばかなことを私が言っていましたから。

**高石**　そうですか、うちは三人とも全部恋愛結婚です。

**陰山**　そういうご家庭は、わりと夫婦仲が円満だと思います。

最近よくいうのは、子どもを幸せにするいちばんよい方法は、親自身が自分にとっていちばん幸せな人生を歩むことだということです。モデルがあるとそれが目標になるんですよね。

そういう点ではみなさんは、よい感じに循環されていると思います。

意外な盲点でしたね。私はこういう仕事ですから、とにかく進学のところまでは自分の仕事でも分かってはいますが、就職が意外と難しかった。でも十分働いてるから、これは何とかクリアできましたが、結婚というのも、やはり大きなテーマですよね。

**高石**　確かに大きなテーマですよね。

**田宗**　子どもたちによい家庭をつくらせるということですね。

## ■女子力

**高石**　やはり女子力だと思います。女子力は必要だと思いますね。

**陰山**　そうですね。

**田宗**　でも、うちの娘はないです、女子力ないです。全く。けれどタイミングがよかったようです。

**高石**　そうでしょうか。女子力はあると思いますよ。

**陰山**　なければ結婚はできません。女子力があるかないかは、実は隠れた重大問題かもしれません。

**高石**　そうですね。

**陰山**　女性も三〇歳半ばまで働いて、自分はキャリアでいいのだと、うっかり信じ込まされてしまう。それは努力と根性で東大に入ることと同じ質の問題ですね。正しいと思わされている。

**高石**　三男の結婚相手は、東大の同級生で、仕事も続けていますが、とても家庭的な方でお弁当もつくってくれます。育ち方は大きな影響がありますね。

**陰山**　結婚適齢期はないかもしれないけれど、出産適齢期というのは、生物学的にありますよね。だから、そのことをまずお母さん方、というか若い女性に理解してほしいと思いますが、まず仕事優先で、いわゆるキャリア女性がカッコイイみたいなことを世の中で吹聴されているせいか、出産適齢期について考える女性が多くないことを心配しているというお話を聞く機会が多くなっています。

男性も女性も、自然に相手を見つけて、自然に子どもが生まれてくる、そういう関係になればもっと結婚も自然な年齢になってくるのではないでしょうか。経済のために女性に活躍してもらうっていうのは、どこか筋が違うという気がします。

**田宗**　それは大事なお話ですね。

**陰山**　皆さんのお子さんが、早々に結婚されている話、ちょっとショックですね。

**田宗**　長女は、「一生働く」と言って公認会計士の資格を取ったはずなのに、結婚することになったら、「辞めてもいいわ」と言い出しました。「それももったいないじゃない」と私は長女に言っていて、今後、どうしていくのか悩み中です。

カナダへ四か月留学して、価値観が変わったなと思いますね。

**陰山**　結婚が大事と、変わったんですか？

**田宗**　一生、公認会計士でバリバリ働くと言っていたのが、留学して帰ってきて、公認会計士を一生すると決めつけなくても、みたいな感じです。異国でいろいろな人を見て、よかったのではないでしょうか。

**陰山**　何がよかったのでしょうか？

**田宗**　「もう、これだけ」と決めつけるのではなく、「いろいろやってみよう」、「いろいろな生き方があるな」という価値観になったことだと思います。

**陰山**　それが日本の国で思えるようになれば、もっと日本はよくなるということのように思います。

## ■常識を疑おう

**陰山**　だから、最近、比喩的に言っているのですが、夏の高校野球を甲子園でやるのをやめたら、教育は変わると。だって、三七度の炎天下で、連投させるということ自体が、もはや非常識だと思うのです。

**田宗**　でも、それが感動を呼ぶんですよね。

**陰山**　私は、大人たちが勝手な感動のネタにして、将来の大リーガーをつぶしにかかっているように思います。極めて簡単な話で、夏の甲子園は、ドームでやればいいだけの話です。冷房、空調をつけてやればいいだけのことです。すぐできることです。でも、主催者の人たちは、絶対やりませんよ。

何と言いますか、いわゆる日本のごく普通の価値観が子どもをだめにしているのではないかということを私は主張したいのです。

今日のお話なんかも、東大に入学させた保護者の方々が、自分の家庭教育をふり返って、普通に自分のやったことを話していただいたわけですが。「本当にそうなの？嘘言うんじゃないわよ」と、周囲の人が思うということが多々あります。

私の教え子の中で、いちばん初めに好成績を出した子の一人に、大阪大学の理学部にストレートで合格した子がいます。この両親は大学には行っておられない方でした。「何であなたの子は、そういうとこに行けたの？」と、周囲のお母さん方が本当に押しかけて来たのです。それで、そのお母さんは正直に「うちの子は寝てばかりだったんですよ」と答えて、周りの人たちに反感を買ってしまいました。

でも、小学校のときからそうだったのを、私はよく覚えています。その子は、夜、本当にすぐ寝てしまう。当時は、私がいちばんガンガン宿題を出していたときで、やり方としてはスマートじゃないときです。全部ど根性でやらせていましたから、その子は朝早く起きてやるしかなかったのです。しかし、結果的にはその子は上手くはまって、集中する力がつき、大阪大学の理学部数学科へ行けたのです。

そのお母さんは、「とても困りました」と話しておられました。最初は何のことを言っているのかさっぱり分かりませんでしたが、今言ったようなことが起こっていたのです。一般的な人の価値観では、たくさん眠るということが学力向上につながるということが信じられないようです。遅くまで起きていて、頑張って勉強することによって学力を高めるものだと信じきっていますから。実はぐっすり眠る力というのが学力の源泉なのです。だから、「寝る子は育つ」と、昔から言われていますよね。

そういう、世の中で「常識」として信じ込まされていること一つ一つについて一度疑いの心で検証し直し、いわば「マインドコントロール」ともいうべきものから解放されていかなくてはいけないと思います。

注1　小中高一貫

小学校、中学校、高等学校の教育の課程を調整して、一貫性を持たせた体系的な教育方針のこと。小中高一貫が行われているのは、ほぼ私立学校である。

注2　六・三・三制と四・四・四制

小学校六年間、中学校三年間、高等学校三年間の学制を、小学校四年間、中学校四年間、高等学校四年間に変えようという案。第二次安倍晋三内閣の教育再生実行会議で検討されたが、国民的な理解が必要で議論がまだまだ不十分であることや、制度変更には多大なコストがかかることもあり、将来的な検討課題とされている。五・四・三制という案もある。

注3　高校受験の学校群制度

入試実施方法の一つ。いくつかの学校で「群」を作り、その中で学力が平均になるように合格者を振り分ける方法。一九六〇年代後半以降、各地で実施されたが、二〇〇四年までにはすべて廃止された。

注4　山口小学校の実践

「本当の学力をつける本」陰山英男著　文藝春秋　二〇〇二年

# 補章　対談に参加できなかった家庭の話

# 岡本弘子

## ■自己紹介

岡本弘子と申します。陰山先生との座談会開催の日は所用で参加できず、とても残念でした。紙面にて、私の経験をお伝えいたします。

夫は、私立大学の工学部を卒業後、自動車メーカーに就職し、現在役員をしています。私は、私立大学の英語学科を卒業後、宝飾会社に就職し、現在は専業主婦です。夫との間に、一男一女をもうけました。

長男は、一九八七年に生まれ、公立小学校を卒業後、私立開成中学・開成高校を卒業し、東大に入りました。教育学部を卒業後、タイヤメーカーに入社し現在に至っています。

長女は、現在大学生です。

## ■家庭の様子、生活習慣

自宅は、神奈川県横浜市内の一戸建てで、鎌倉・逗子・葉山に近く、海と山に囲まれた自然豊かな環境で子育てをしました。中学受験をする子どもが少ない地域でしたが、塾と小学校生活を目的別に棲み分け、楽しく過ごすことができたと思います。

夫の仕事の関係で、長男が、一歳から五歳までの間、イギリスで暮らしました。日本の祖父母から送られてくるビデオ（幼児向け番組）やイギリスの幼児向けテレビ番組をよく見ていました。また、隣人のイギリス人家族によく遊んでもらいました。夜は家族で食卓を囲み、団欒の時間を多くとりました。日々、規則正しく過ごし、就寝前の本の読み聞かせを、私は必ずいたしました。

イギリスから帰ってからは、主人は忙しくなり、普段、子どもと過ごす時間が取れなくなりました。毎年長期休暇には、家族で母方の実家に行ったり、旅行に出かけたりする中で、父親と触れ合いながら、教科書で学ぶことのできない体験を子どもには豊富にさせるよう心がけました。

長男は、小学校三年生の九月から中学受験をみすえて塾に通っておりましたので、運動不足にならないよう、ゲーム遊びではなく外遊びを、時間の許す限りしていました。

## ■イギリスでの生活

すでに書きましたように、一歳から父の海外赴任に伴い渡英した関係で、両方の祖父母や叔父叔母とのかかわりが少なく、その代わり両親との絆は強くなりました。

子どもは幸い、情緒が安定しており、健康でしたので、海外にいても不安にはなりませんでした。三歳から五歳まで現地の学校に通い、私が送迎をしていましたのでイギリス人の友人も、長男のおかげでたくさんできました。

イギリスは、治安と気候の両方の関係で、一人での外遊びができません。そこで常に沢山の紙を用意して自由に使わせていました。家の中では、プロレスごっこや怪獣ごっこ遊びをよくしていました。

三歳の一年間だけ幼稚園、その後、小学校に通いました。幼稚園は二時間だけなので、ほとんど話をせず、友人の会話を聞きながら英語を覚えていったようです。小学校入学と同時にネイティブの会話力になっていき、私の通訳として活躍してくれました。

イギリスは、日差しが少なく気温も低いので、汗腺の発達に支障がないように、長期休暇のたびに、南ヨーロッパの島に出かけて過ごしました。

## ■帰国から受験時代

このように、イギリスで育ち英語が主言語でしたので、日本語を習得するため、小学校三年生の八月まで、毎日必ず、公文式の国語と算数のプリントを五枚ずつ終えてから遊ぶようにさせていました。日々、国語と算数のプリント五枚ずつのノルマをこなしたため、学習習慣が自ずと養われ、学ぶ喜びも見出したようです。

長男は、運動が得意ではなく、幼少期は、よく一人で絵を描いて遊んでいました。妹ができてからは、いつも一緒に行動し、優しく面倒を見ていました。

小学校六年生のとき、児童会長を務め、責任感が養われ、挨拶をしなくてはいけない機会も増えたので、その経験の中で度胸をつけていったように思います。

小学校の友人とは心のふれあいを大切にし、塾の友人とはよきライバル、そして同じ目的をもった同志として影響し合い、励まし合いながら接していました。

中学受験までの間、塾でのテストの結果に一喜一憂せず、必ず合格できると親子で唱和しておりました。塾で充分に勉強していましたので、家では家族との時間を大切にし、心の安らぎを大切にするように心がけました。

中学受験は親子で戦ったという感じでしたが、大学受験は本人がスケジュール管理をし、ほとんど家で勉強をしていました。私は仕事で昼間は家にいませんでしたので、監視する人もなく、東大合格に向けて強い意志で日々を過ごしていたようです。

受験勉強期間も、家族は、特に受験生がいるという意識もなく普通に過ごしていました。ときどき夕食時に、当日頭に入れたカタカナの地名や歴史上の人物などの確認と称して聞かされ、私と娘は辟易したのを思い出します。

夫は、息子の受験時代には、九州に単身赴任しており、なかなか会うことができませんでしたが、息子の勉強の姿勢を信頼していたようで自由にさせていました。

## ■開成学園時代

開成中学校では、父親と同じ剣道部に入部し、親子関係だけではなく、先輩後輩の関係にもなりました。家から学校が遠く、通学は大変でしたが、通学時間を使って沢山本を読んでいました。

開成高校進学後も、二年生の引退まで剣道を続け、強い精神力を養いました。東京大学を志望校に決めてからは、英語と日本史の塾に通いました。

運動会では、高一指導係を務め、改めて開成学園の素晴らしさを実感したようです。

## ■東大生時代

大学時代の四年間、スキーサークルに所属して大切な友人に出会い、社会でも通じる力を身につけました。大学入学と同時に夫が再びイギリスに赴任となりましたので、私と娘も同行しました。その四年間、父方の祖母と暮らしました。不自由な暮らしの中、高齢者を敬う心を身につけたようです。

リーマン・ショックと就職活動の年が重なり、希望職種も決まらず留年を決意し、英国でしばらく過ごし、将来のことをじっくりと考えました。家族との時間の中で、家族の大切さを知り、自分の未来の家族像を描いたようです。それから真剣に就職活動に取り組みました。

長男は、大学生時代に、家庭教師、八景島シーパラダイスのゲームセンター、焼き肉店などでのアルバイトを通じ、狭い世界で生きてきた自分を実感したようです。その中で、東大生であることの影響力を、よい意味でも悪い意味でも痛感し、大学では学ぶことのできない多くの貴重な経験を積みました。

## ■家庭教育のポイント

私が、経験から考えた「家庭教育のポイント」を整理してみました。

○ポイント1

学ぶ環境づくりは親がするが、努力するのは子ども自身だと思います。よい意味での放任主義であり、失敗を恐れず本人を信じることに努めました。ただ、子どもの心の赤信号を見落とさないように心がけました。

○ポイント2

家族との時間を大切にし、いつも一緒に思い出づくりをしました。

○ポイント3

幼少時は既製のおもちゃではなく、紙を豊富に用意して、自由な発想で使えるようにしました。

○ポイント4

教科書上の勉強ばかりではなく、なるべく自分の目で見、自分の手でつくることのできる機会を心がけました。

○ポイント5

妹は幼少期から兄と過ごす時間が多かったことから多大な影響を受け、親のすすめではなく自ら中学受験に挑み、さらには留学、そして今は司法試験を目指して日々勉学に励んでおります。

資料編①　百ます計算　たし算

| + | 2 | 7 | 4 | 6 | 8 | 1 | 0 | 5 | 9 | 3 |
|---|---|---|---|---|---|---|---|---|---|---|
| 9 | | | | | | | | | | |
| 0 | | | | | | | | | | |
| 6 | | | | | | | | | | |
| 8 | | | | | | | | | | |
| 3 | | | | | | | | | | |
| 1 | | | | | | | | | | |
| 5 | | | | | | | | | | |
| 7 | | | | | | | | | | |
| 4 | | | | | | | | | | |
| 2 | | | | | | | | | | |

| + | 8 | 5 | 7 | 0 | 4 | 9 | 6 | 3 | 1 | 2 |
|---|---|---|---|---|---|---|---|---|---|---|
| 4 | | | | | | | | | | |
| 3 | | | | | | | | | | |
| 1 | | | | | | | | | | |
| 6 | | | | | | | | | | |
| 9 | | | | | | | | | | |
| 2 | | | | | | | | | | |
| 8 | | | | | | | | | | |
| 7 | | | | | | | | | | |
| 5 | | | | | | | | | | |
| 0 | | | | | | | | | | |

資料編②　百ます計算　かけ算

| × | 3 | 5 | 1 | 8 | 6 | 4 | 2 | 0 | 9 | 7 |
|---|---|---|---|---|---|---|---|---|---|---|
| 5 | | | | | | | | | | |
| 4 | | | | | | | | | | |
| 6 | | | | | | | | | | |
| 9 | | | | | | | | | | |
| 3 | | | | | | | | | | |
| 0 | | | | | | | | | | |
| 7 | | | | | | | | | | |
| 8 | | | | | | | | | | |
| 2 | | | | | | | | | | |
| 1 | | | | | | | | | | |

| × | 1 | 0 | 5 | 9 | 3 | 8 | 6 | 7 | 4 | 2 |
|---|---|---|---|---|---|---|---|---|---|---|
| 7 | | | | | | | | | | |
| 5 | | | | | | | | | | |
| 8 | | | | | | | | | | |
| 1 | | | | | | | | | | |
| 2 | | | | | | | | | | |
| 0 | | | | | | | | | | |
| 9 | | | | | | | | | | |
| 4 | | | | | | | | | | |
| 6 | | | | | | | | | | |
| 3 | | | | | | | | | | |

資料編③　早寝早起き朝ご飯

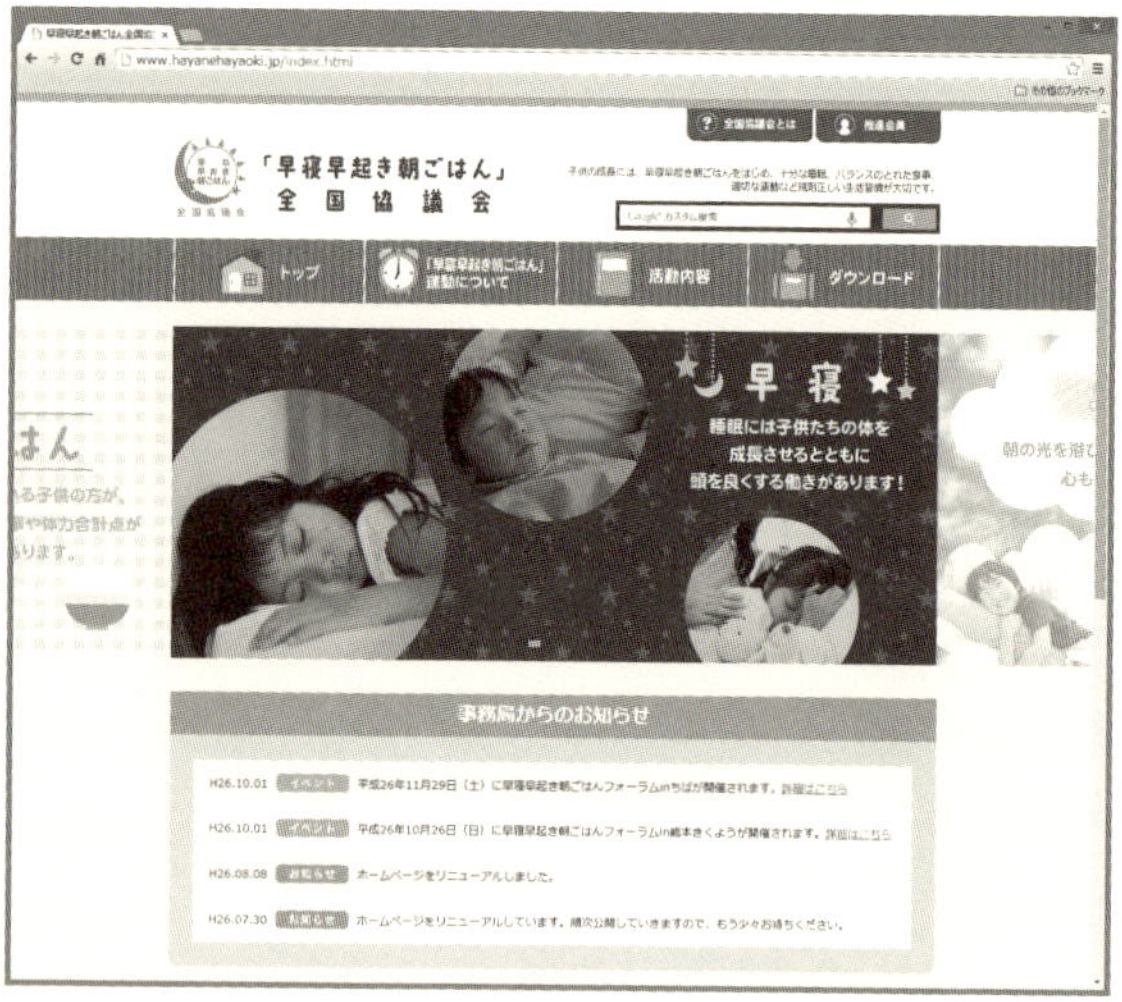


▲「早寝早起き朝ごはん」全国協議会のホームページ
（http://www.hayanehayaoki.jp/）

二〇〇二年（平成一四年）に、陰山英男先生が著書「本当の学力をつける本」（文藝春秋刊）で提起された「早寝早起き朝ご飯」に代表される生活習慣の改善は、その後、大きな運動へと発展していきました。

二〇〇六年（平成一八年）四月には、「早寝早起き朝ごはん」全国協議会が設立され、陰山英男先生は、その副会長を務められています。

全国協議会では、フォーラム等のイベントを開催するとともに、子どもの発達段階に合わせた「早寝早起き朝ごはん」のガイドを作成してホームページに掲載するなどの啓発活動をしています。